AF281650

Sandkörner, ewige, zwei

FSC
www.fsc.org

MIX

Papier aus ver-
antwortungsvollen
Quellen
Paper from
responsible sources

FSC® C105338

Wolfgang Linke

Sandkörner, ewige, zwei

111 Gedichte an Sappho

München 2025

Bisherige Veröffentlichungen:
Sieben mal sieben. Neunundvierzig Gedichte (2010)
In die Nacht hören. Einundfünfzig Gedichte (2011)
Tausend Winter. Hundert Gedichte (2013)
Der Weg zum Himmel (2021)
Aller Engel Ich (2023)
Lacht und stürbe (2024)

Bibliografische Information der Deutschen Nationalbibliothek:
Die Deutsche Nationalbibliothek verzeichnet diese Publikation
in der Deutschen Nationalbibliografie; detaillierte
bibliografische Daten sind im Internet über dnb.dnb.de
abrufbar.

© 2025 Wolfgang Linke
Verlag: BoD · Books on Demand GmbH, In de Tarpen 42,
22848 Norderstedt, bod@bod.de
Druck: Libri Plureos GmbH, Friedensallee 273, 22763 Hamburg
ISBN: 978-3-7693-5261-0

EINS

Kore

Oh, Sappho, selanna,
Mond mein, ewiger,
kleiner, hörbarer,
in meiner Brust: Licht-
korn der fremden Seele,
Röte, einsame, rosenfingrige,
am Morgen.

Spiele

Röte: Unfug geschieht
allüberall über uns und
verzehrt uns, beschwerend
uns innen. Da kocht es,
wir besinnen uns aufeinander
und aufs Verbrennen. Gar
lustig beginnen die Spiele
der Worte: Sie erheben uns
nicht zum Himmel, aber lassen
Zeiten verrinnen, Räume und
Leben und helfen Abschiede
weben, zu trennen voneinander
Verlassene, viele.

Leute

Dachtest du, Röte, die Leute
kennten dich? Sie vergaßen
dich hundertmal und maßen
sich an dir und verstanden
dich nicht und verschwanden.
Alles verschwindet. Aber ein
Unwiederholbares entzündet
die Seele noch heute
und macht, dass sie dich
wieder und wieder erfindet.

Vorspiel

Dichterin, mondverlassne,
gequälte, außer der Zeit:
Die Frühe bist du, des
Geistes, der Größe; Anbruch
des Schönen, des Tages,
des Todes; Unerwartete,
Verflossene, Beugsame,
Vorspiel.

Flöte

Röte, höre mich
heute: Ich töte mich,
meine Worte, erneute, heute,
für dich: die Flöte, das
Lied, der Tod, ich böte
dir alles für einen
Augenblick an einem
deiner Orte, fern
von mir, alt; des Kommenden
wortlos eingedenk.

Dichter

Was in den Worten, innen,
ist, sagen uns, manchmal,
die Dichter; ihr, dort,
wusstet es nicht, vielleicht,
damals, am Anfang; aber es
geschah, Dichterin, dir, dass
du darinnen warst und ihn
sahst, den Anfang, und eins
wurdest mit ihm, in deinen
Worten, ihn zu verkünden, den
deinen, und allen, für immer.

Schreie

Röte: Die Leere, die
die Ehre untergräbt
und mich verschüttet,
Worte, die ins Nichts
fallen, verhallen im Toten-
reich, Schreien gleich, der
Verlorenen; Röte, schrei
für mich, dass ich frei
sei, schwerelos, schweigend,
für dich.

Tränen

Röte: Die Zeit geht aus,
das Haus schrumpft,
worin ich wohne, Furcht
macht sich breit: Mut
nicht, aber Wut. Keine
Klänge, allem einen
Sinn zu geben, gut oder
böse. Aus dem Himmel aber
kommt Unvermutetes: Die
Toten sind dein Umgang
nicht, sie weinen nicht,
sie sind die Tränen.

Zukunft

Von unten betrachtet,
Dichterin, ist Aller
Ende ruhmlos. Von innen
betrachtet leuchten
unsere Trümmer tausend
und eine Nacht, uns
zu erbauen auf ewig.

Wolken

Dein Haus, dort, auf
der Insel: Eine Wolke aus
Staub in der Seele; Röte,
unsere Geschichte beginnt,
wo die Worte schwinden
und Schatten sich aus-
breiten, schwarze
Vermächtnisse, mondlose.

Ströme

Ach, Röte, gegen den
Untergang kämpfe ich; meine
Furcht dämpfe ich, nicht mehr
mit Wein, mit Worten nicht; ein-
verleibt lebe ich an den Orten
der Erkenntnis, die mich den
Schlussstrich ziehen lassen unter
Versäumtes. Alles ist ein Hauch
unter der Sonne. Die Alten wussten
das, deine Verwandten, die uns
einander versprachen, gegen
die Ströme der Zeit, stromaufwärts.

Monumente

Dichterin: Was sind wir,
wir, die das Gleiche tun,
einander zusehend, ganz,
ganz hindurch? Stehen
geblieben sind Monumente
des Augenblicks und unseres Glücks
in uns, erzählen Unvergessliches,
womit uns das Leben rief,
Unverlierbares. Aber der Blick
geht dahin, die Zeiten
ändern uns, machen Steine
aus uns, Erinnerungen
aus Staub, vergiftetem.

Blei

Ach, Dichterin: Wenn alles schwer
wird in uns, Tage aus Blei, Nächte
aus Asche vom Vergehen künden,
du aber weißt: Da sei und komme
nun nicht nichts – atmen deine
Worte dennoch, da sie Gabe
sind, der Zauber ist nur bewirkt, –
atmen sie Geist, deinen und den
der Wahrheit, schwer durch-
schaubar, unkenntlich fast,
zwischen allem Zerfallenden.

Abschiede

Ach, Dichterin: Ich ver-
gehe; wie ich hier stehe
und flehe um mich, ist
schlecht gemacht; viel
gelacht hättest du, vielleicht.
Ein böses Lied auf meinen
Lippen, das aber deiner
gedenkt und der ganzen Kunst,
die versenkt ist in uns, uns
zuzulassen zum Leben. Ich
sehe in der Nacht die
Schatten der Zeiten vorüber-
gleiten, schlechte Nächte
sinds, glaube mir, tonlose
Abschiede von Herrlichkeiten.
Warte auf mich, Hochgeborene,
wo auch immer.

Töne

Röte: Leere um uns und
der Tod am Rand schon;
schön waren deine Lieder,
doch falsch ihr Ton, wie
meiner. Wie du geschrieben
hast, ist uns nichts geblieben,
aus uns selbst. Aber wer sind
wir, wissen zu wollen, wessen
wir fähig sind, wer wir sein
sollen, von welcher Gestalt,
ohne einander.

Ewigkeit

Röte: Das Kleine in mir,
das ich erleide, das
nicht Meine, macht,
dass ich weine, ins
Reine komme mit dir
und unseren unendlichen
Stunden. So gesunden die,
die das Blut haben
in ihrem Innern, weiß, seit
tausend Generationen,
den Anfang der Ewigkeit,
auf Geheiß des un-
erklärlichen Gottes,
ihm zum Preis, jenseits
aller Zeit, ganz
wir beide.

Esel

Mit dem Nichts
auf den Lippen, dem
Tod in uns, erkannten
wir, Dichterin, ein-
ander; der Eine und
die Andere. Wenn ich
wandere aus mir zu
dir, wird die Zeit
ein Esel, der mich
zur Insel trägt, deinem
Reich; ich werde ihm
gleich, dem Esel, und
trage dich von
Nacht zu Nacht,
von Reich zu Reich.

Kräfte

Röte: Von mir zu dir,
statt meiner, statt deiner:
Worte, tiefe, alleinige,
die trafen, immer schon.
Wir schlafen, werden kleiner,
meist; manchmal aber, weißt
du, erheben sich die Kräfte
des Himmels in uns, uns um-
zuschaffen in Wort und Werk.
Sie lassen uns ahnen, kurz,
wer wir waren, vor den
Jahren unseres Schweigens,
ehe wir starben,
aus Mitleid mit allen
Heimatlosen, Sprachlosen,
allen Lämmern aller Welten.

Buchstaben

Röte: So harren
wir der harten Zeiten,
warten im Leeren
aufs Leere. Aber die
Ehre, zu sein, für die
wir streiten, hat unser
beider Buchstaben
geboren und uns die
Schwere verliehen,
einander erfunden
zu haben, als wären
wir Narren.

Sandkorn

Röte: Das Ende
kommt zu mir: in
die Hände falle ich
des Todes, wie ein
Tier. Klänge aus Licht,
nicht von hier, erretten
mich; ich sende
sie dir; singe
sie ein in unsre
Welt, dass sie
sich wende und uns
erbaue aus Worten
wie Berge, dass
bleibe ein Sandkorn
von uns, dereinst,
unmessbar.

Kaltzeit

Röte: Unter uns
verblich Frühzeit,
Kaltzeit, Totzeit. Keine
Zeit blieb uns, einander
beim Namen zu nennen.
Einsam ist der Tod,
aber der Weg,
auch zu dir.

Ode

Dichterin: Wenn ich mich
hinlege, zu betrachten den
Himmel oder zu sterben,
gedenke ich deiner und
meiner und Dessen, der
sagte, dass kein Tod
mehr sei. Dann erhoffe
ich den ewigen Tag, der
unsre Leben erklärbar
werden lässt und unsre
Worte aus dem Nichts
erhebt in sein ewiges
Licht, als Ode
an ihn, die Wahrheit.

Erlöschen

Wortlose mischen sich,
Röte, zwischen uns,
zerstören die lebenden
Bilder, unsere, von-
einander, dunkle. Sah
ich dich einmal, erlosch
die Erinnerung aneinander,
ans Urbild in uns,
das wir trugen, in den
Seelen, ehe wir Wurzeln
schlugen, dort, in
der Welt, unentschlossen.

Sage

Röte: Am Ende der Tage, unserer,
am Ende unserer Sage, steht
immer Schweigen: Ob es aber
gehört wird und fruchtet, wissen
die Geister der Zeit nicht, die
sie uns stahlen, die Zeit, um uns zu
zwingen, nicht zu sein, statt
ihrer. Aber wir waren und
erhoben das Wort, das leuchtende,
aus uns in das ungeschaffene Licht,
dass es dahinschmolz, Antwort
wurde, unhörbare, auf uns.

Fee

Röte: Du bist die
Fee, die nicht da
ist und mein Schatten;
und ein Bild in mir
von einer alten Welt,
die zwar gefallen war,
doch voll von
tiefem Leuchten aus
sich selbst,
in Hoffnung.

ZWEI

Trümmer

Oh Röte: Neunmal werde
ich sterben müssen mit
einem Lied im Bauch,
das mich das Leben
kostet, weil es mich
in Stücke gehen lässt,
einfach so, dir gleich.
Die Schattenlosen, die, die
die Sonne umschmilzt
zu wahrer Größe, gehen
zugrunde an ihren Bekenntnissen,
an allem, was sie nicht
sind, an allen diesen
leuchtenden Tagen.

Entsetzen

Röte! Kore! First light!
Wären die Leben Fiktion,
stünden wir beide im Schatten
eines Baumes der Insel und sängen,
ja – wovon? Mit Klängen, die
uns fremd wären und blickten
einander an und verstünden
die Sprache des Anderen
nicht und wären einander
nichts und stünden allein
am Rande des Raumes, am
Anfang der Zeit und wären
entsetzt übereinander.

Scheitel

Röte: Der Horizont
ein Flammenmeer, dahinter
unser unsichtbares Ja,
die Scheitel unserer beider
Leben, die vollkommen sind
und einer werden auf den
andern Erden nach den
Tagen, die wir noch ertragen
müssen hier und nun und
die uns mächtiger am Leben
hindern als der unbrauchbare
Mut, der uns entstehen ließ,
ungewiss und ungekonnt, aus Blut.

Lichter

Röte: Die Säulen deiner
Welt sind weggespült;
weshalb der Dichter
umso stärker fühlt
wie stark sie waren
in den frühen Jahren
deiner Kraft und meiner
Furcht zu deuten eure Gesichter
als eure Seelen, Scharen
gestrandeter uralter Lichter.

Zikade

Röte: Weniges genügt
den Ort zu sehen aller
Gnade; oder aller Worte,
die vergeudet wurden,
seit wir waren. Alles,
was geschwiegen wurde,
ging in unsre Werke ein,
die nun geschrieben
stehen auf den Flügeln
der Zikade, ganz allein.

Eisfall

Uns beide, Röte, mag
es immer geben. Ein Wasser-
fall war unser Leben, der
gefror. Einander gingen wir
nah, besangen im Chor
das Ende des Todes, gingen
aus nichts hervor zum
Licht. Ein Licht waren
wir uns selbst und anderen
zum Scheine. Antwort
gelangte keine je
in unser Ohr.

Götter

Die alten Götter, du Dichterin,
haben geglaubt, sie wären ähnlich
deinen Gedanken über sie. So anders
warst du, dass sie hinter
deinen Worten verschwanden. Später
fanden die Weisen sie darin
und rühmten dich und schwiegen
jene tot. Noch später waren
sie ganz entschwunden vor
der Wahrheit Angesicht und
blieben rätselhafte Schatten
in unseren verkommenen Seelen.

Zweisamkeit

Dichterin: Am Ende
unserer Zweisamkeit spricht
der Geist zum Geist: Eines
Sinnes sind sie und haben
die gleichen meerblauen Augen,
die sie die Tiefe schauen lassen
und die Abgründe und die
Gründe: derentwegen ihnen die
Welt ein Greuel war, derent-
wegen sie aber hier waren,
beide, um es zu sagen, als
ob es einer verstünde, als
ob sie gewesen wären, als
ob das jemand noch wüsste,
so spät, so weit nach allem.

Blöße

Röte, zwischen uns
Zeit, Steine, Blöße und
das Nichts: Anfang
waren wir einander, Ende
hebt uns wieder auf,
im Erlöschen aber
des Lichts ersteht
Größe, Stückwerk,
erschütterndes.

Grab

Dichterin: Die
Steine, die auf
deinem Grab: Läse
ich die Schrift, stürbe
ich auch; lasse ich es,
verschwinde ich; ließe
ich dich bei dir,
verlöre ich dich
und mich. So sei es,
versgewordener Ruhm,
dessen man sich
erinnert, unentwegt,
sprachlos.

Kosmos

Dichterin: Schriebe ich
dir nicht, verginge die
Zeit ohne uns, dann wir.
So aber schreibe ich
dir, ohne mich, und singe
ein lautloses Lied, so dass
dein Kosmos widerhalle,
seine Tage, seine Tode, alle.

Beginn

Röte: Die Nächte
werden schon länger;
die schlechte Zeit
raubt mir den Blick
auf dich. Die Seele
sagt: Frag, frag bald;
sie kommt nicht wieder.
Alle Zeilen, alle Zeiten
verrinnen. Ich bin innen,
in ihnen, du in mir. Lass
uns also einander beginnen.

Eis

Röte: Dünnes Eis in uns
hindert uns aneinander;
aber ewiges Eis lindert
den Schmerz, ein Schatten
zu sein im Auge
des Andern, sich aus-
breitend in seiner
Vergangenheit, sie
umkleidend, schreiend
sie schwärzend, die
schwarze Kerze.

Landschaften

Dichterin: Erklärungen
über uns entschwinden
im Okeanos: Die Feuer
in unseren Kernen, denen
in den Sternen verwandt,
verwandeln uns und
behandeln uns schlecht;
aber diese Feuer sind
gerecht: Sie brennen alles
Lebendige um zu goldenem
Staub, der die Landschaften
bildet, woraus wir geboren werden
werden auf den neuen Erden.

Geschwätz

Kore: Finsternis ist
in mir, deinetwegen:
Tausend Worte gab es
über dich und Besserwisserei
und Geschwätz. Was die
Vielen nicht verstehen, ziehen
sie in den Staub, worin sie
wohnen, wohin sie vergehen,
gedächtnislos. Die Steine
in meinem Kopf verschaffen
mir Waffen: Harte Gedanken
gegen die Auslöschung
des Sinns. Wärest du aber
aus Stein, Menschin, verstündest
du mich, stündest an
meiner Seite, heute.

Urgrund

Röte: Wenn aber niemand
zuhört, ist der Gesang, auch
deiner, vergebens. Im Abgrund
des Lebens kommt aber Geburt
vor, des Neuen, das uns
zu Licht werden lässt,
Urgrund statt Abgrund.
So sind wir. So allein.

Schauungen

Röte: Keine Reden halten,
über uns. In Gefahr sind wir,
abzufallen, voneinander, uns zu
verflüchtigen, ins Unbekannte
abzudriften, in die Welt der
Gedanken, die uns einander
aufheben heißen, einst. Mächtiger
aber als Gedanken sind
Schauungen, da sie uns wesentlich
werden lassen, vor Allem.

Laute

Aus dem Nichts
höre ich mich reden
und dich, Dichterin,
über uns, alle Zeit.
Es ist zu wenig: Ver-
gehen müssen wir, größer
zu werden in den Augen
des Geistes, der uns
schuf, Menschen zu werden,
lebende Worte seines Stammes.

Heimat

Röte: Wenn aber die Lieder
und ihr Sinn ans Ende
kommen über Nacht
und meine Hände lahmen:
Verflüchtige ich mich
in deinen Schoß; weit
bist du fort, aber bloß
von der Erde; kein Ort,
der dich trüge mehr,
hienieden. Dort hingegen,
in der Heimat, keine
Lüge, gestehen wir ein-
ander, wer wir sind, von
woher wir zueinander
kamen, und wer uns
aus dem Stein schlüge,
wieder und wieder,
wenn es uns hülfe.

Labyrinth

Kore: Kurz: denn darin
liegt, wie du weißt, die
Wurzel, unsere, das Andere
ist Labyrinth und Schale.
Kurz sind also alle Leben
und der Aufschrei des Lichts,
hell zu werden, sein zu
werden, und erlaucht,
ein für alle Male.

Umlaufbahn

Röte: Das nackte erste
Wort in uns, das unsre
Häuser baut unter
unsrer Haut und
unsre Unterstände:
Meine, deine, alle; ent-
setzt uns auch und
wirft uns aus der Umlauf-
bahn um jenes Feuer,
das uns einst
erschmolz aus
Geist und Untergang
und etwas Neues
aus uns schuf, verletzlich,
fährlich, ungeheuer.

Welten

Röte, du: Stille braucht
es um uns und in uns:
ineinander uns zu hören,
uns zu schwören, immer
eins zu bleiben, inselartig,
außerhalb der Welten; denn
die gelten füreinander nicht
und wir in ihnen kurze Tage;
doch hernach sind
wir verloren zwischen ihnen,
wort- und wertlos, oder
aber werden neu geboren.

Punkte

Kore: Steine, Schätze,
Punkte, wir: Gleich sind
wir und anders als
die Andern alle, weil
wir wir sind, Wort für Wort.
Niemand sagt uns, wo wir
wohnen, wer im Innersten
wir sind; besser ist es, so
zu sein, ganz bei
sich und ganz allein,
immer, seit Äonen.

Unfug

Dichterin: Das Schweigen
ist nah; alle Tage war ich
in ihm. Alle reden von dir,
ein Zerrbild vor ihren Augen.
Ich aber sprach in dich hinein,
zu deiner Seele, alle
Tage, des Verlustes
gewärtig, der Gefahr,
der unverlierbaren Antwort,
und deiner.

Lade

Dichterin: Der Wind,
die Flucht, die uns
entzweite: geleite dich
zu höhern Höhen als es
je ein Unsriger vermochte:
höben wir auf, was wir
sind, im Monument der
Gnade, wüchsen wir
zum Himmel empor, zur
Lade des Bundes, und
stürben ob der Schande
die offenbar würde
als *Wir beide*, über
alle Lande.

DREI

Mächte

Wort aus der Frühe:
Röte, Verlust bist
du und Gedanke
ans Nichts; vor der
Nächte Zeit stiegen
da Mächte auf aus
der Tiefe, Throne, leere,
sahen sie, vielsagend
schwiegen sie, lange.

Luft

Röte, sag mir, wozu
soll es dienen, zu schreiben
wie du oder ich oder
wer immer: wenn dir die
Welt die Luft nimmt,
das Wort und das Leben?
Röte, lass mich zurück
bei dir, die Kerne der
Worte sind heilige Ursprünge,
gerne ersticke ich
an ihnen.

Ahnung

Röte: Der Anblick der
Welt ist grundlos; stein-
los begraben sie ein-
ander, Tote Tote. Götzen
beschworst du, Wahrheit
lag dir noch fern; Freiheit
nicht, aber in dir. Außen
begab sich dein Ruhm, innen
Ahnung verlorener Größe;
der Stern über dir ist
dein Denkmal: Feuer,
fast ewig.

Ruhm

Dichterin: Uns das alles:
Aus einer, der einzigen
Quelle; dir und mir er-
habenes Wort. Ruhm dir,
Schmach mir; ewiger Ruhm
und ewige Schmach, vielleicht,
aus einer, der einzigen Quelle:
dem Ewigen Wort.

Gesänge

Ach, Röte, ganz am Ende
lohnt es nicht, über-
einander zu sprechen:
wer dir glich, verging
wie du und ich und deine
und meine Gesänge; doch
mich beschlich die Ahnung,
dass, wären wir wahr
gewesen, wahrer jedenfalls,
Anderes geworden wäre,
Wort für Wort.

Blätter

Röte, dein Gesang ist
Rauch, verwehend, und
die Zeit darüber auch
ein Brauch, vielleicht
verstehend; aber der
Mensch ein Blatt, mit
oder ohne Wind, blind
oder sehend, sich oder
dich. Oder eben durch
und durch, damit er
sich deiner erinnere,
von Anfang an,
allmählich.

Schrift

Mein Tagesgedicht
aus Licht: Dir ins
Gesicht geschrieben,
dicht, du Dichterin,
auf deine Augen:
die die Dinge sahen, die
zum Sterben taugen
an den letzten, nahen
Tagen; ehe wir geschahen,
um zu lieben und einander
immer zu entsagen.

Augenblick

Wärest du unhörbar gewesen,
Röte, wäre vergangen die Zeit
und du mit ihr und niemanden
hätte befreit oder entzweit
eines deiner Lieder; du wärest
allen entgangen, so wie der
eine Augenblick, der unwieder-
bringliche, wärest du unerkannt
erhoben worden ins Elysion,
so wie du es nanntest, ehe
du kanntest den Tag der
Wahrheit, oh du Vorangegangene.

Wurzel

Röte, du: Seit dir
und jenen alten Räumen,
die aber verschlossen sind,
warten wir aufeinander
und harren unserer Tode,
die wir sterben müssen,
Verse gebären zu dürfen,
Küsse von Lippen zu
lesen, Worte, Wurzeln,
wie deine.

Ohnmacht

Dichterin: Keines meiner
Worte erschüfe dich neu;
an keinem der Orte
deines Lebens muss ich
gewesen sein, innezuwerden
des Geheimnisses, das uns
entzündet: das innere Wort
und was es sei, das uns
bewirkt, die innere Ohn-
macht, vor allem, die
uns in allem verbindet.

Ränder

Kurz, Röte, Worte von
Seele zu Seele: Es ist
ein Land, unfern von
uns, wo unser
gedacht wird und wo
gemacht wird, was
wir tun; wo keine
Tage sind, sondern
Tropfen aus Licht,
die unseren Tagen
das Leben geben
und unseren Nächten
einen Rand.

Staub

Nicht durftest du wissen,
Dichterin, wie ich, was du
geschrieben hast. Am Tage,
da das Gerede der Menschen
gekürzt wird um den Staub
auf Worte und Gold, ver-
bleiben einige, meine vielleicht
und deine; aus allen Zeiten
gefallene, Röte, sonst keine;
das Unschöne und Unheilige
tritt, sich selbst zu verbrennen,
in endgültiges Feuer.

Erbe

Ja, und unser Erbe,
Röte, hier unten, bist
du; und Andere, die
sich und Anderes schufen;
aber wir rufen einander
zu: bis zu dem großen
Tag, da alles eins
wird und die Götzen
sterben: Lass uns der
Andere sein; denn der
Andere, Röte, böte
uns an, uns selbst
zu erkennen, und einen
neuen Namen. Der ganz
Andere hat dieses getan.

Täuschung

Dichterin: Ich wollte
aufhören, dir zu schreiben,
sein zu wollen wie du;
aber die Küsse der Welt
hinterlassen Geschwüre
an Leib und Seele. In
deinen aber berühre ich
Ursprünge, die heilen
und werden lassen. Wes
Herz du verzauberst,
des gehen die Augen über,
als sähen sie keine
Täuschung; aufhören muss
ich, sonst verliere ich dich.

Entscheidung

Röte: Ich ahne, dass
auch du hörtest das
Ewige Wort, damals,
am Kartag, im Schatten-
reich, und nicht
verneintest; also jetzt
Licht bist und mitleidest
mit mir. So hilf,
auch du, dass es nicht
umsonst gewesen sei,
Leben für Leben.

Hades

Kore: Die Schatten, die
dich umgaben und all das
Schweigen, unberührt, ewig:
Erträgt man das? Läutert
das? Kommt unter der Haut
der Sinn? Du schweigst.
Kein Sinn, lichtlose Leere. Kein
Wort führt mehr dorthin,
wo die Schuld eingefroren blieb
bis an den Tag des Blutes.

Wissen

Röte: Es ist oft
kalt hier: Sein wird der
Tag, da die heilige… Du
weißt. Wüsstest du mehr,
müsste ich zweifeln
an dir oder an uns
oder am Tag: der sich
verbarg bislang vor
mir, aber nicht vor
dir: weil du mir
voraus bist; weil du
vielleicht doch älter
bist als ich. Wir werden
es wissen am letzten der Tage.

Hain

Röte: Zweifel steigt
auf, Macht der Spaltung.
Erz zwischen uns, die
Augen innen. Nichts gebiert
uns, uns zu läutern,
der Geist meiner Zeit
löst die Zeit auf und
den Geist. Wärest du
hier, lüdest du mich
ein, und meine Asche,
in deinen Hain.

Tiefe

Röte: In der Tiefe
schlummert ein Wort,
unser beider Ankunft
im Jetzt, oder doch dort,
wo Zeit vorübergeht
oder Wort. Hast du gehört:
Wir waren in *einem* Punkt
unserer Leben; an einem Ort
neben uns, wo wir
entstanden, beide,
plötzlich, die Luft
war kalt, die Nacht
und das Kommende.

Fragmente

Dichterin: Wären deine
Worte aus Stein, stürbe
ich ob der Schönheit
des Anblicks, wüsste
ich denn, was ich sähe.
Aber ich sähe und sehe
ja nichts und höre
stattdessen deiner Seele
Bruchstücke, flüsternde
Lücken im Unbekannten,
umschlossen vom Nichts.
Wer ahnt denn schon,
wer du warst, wer wir
wären, wären wir eins
und alles, immer schon,
nicht des Todes.

Wunden

Ach Röte: Die Jahr-
tausende sind ein
Pflaster auf der Seele,
dass sie heile. Ihre
Nöte sind Wunden, die
durch die Zeit driften,
Zeitlosigkeit zu stiften,
am Horizont, wo die
Wunde sich schließt,
und das Blut fließt,
schimmernd verklärt,
um den Äquator Gottes.

Erwachen

Dichterin: Wärest du
hier, ein wenig, würde
genügen ein kleines Wort,
einander zu verstehen;
ein Zeichen oder nichts,
denn die Seele wird
aller ihrer Dinge inne.
Die großen Werke unsrer
innern Welt entstanden
ohne unsre Sinne, aus dem
Geist, dem, der lebendig macht,
von dem du weißt, seit
deine Nacht ein Feuer wurde,
dass dieses dich
von vorn beginne.

Trennung

Die Zeit ist zu kurz, Röte,
ich warte nicht mehr
auf dich. Es wurde uns
gesagt, wir stürben
ins Licht. Also gehe
ich, zu sterben, zu werden,
der ich bin.

Genesung

All unsre Worte, Röte,
sind des Todes. All unsre
Werke Verwesung. Blieben
wir einander treu,
gelänge Genesung in uns
durch den treuen Gott,
dessen wir sind, der
uns einander erkennen
lässt, vielleicht, in ihm,
das Kind das Kind.

Gelage

Röte: Wir beide hätten die Welt
zerrissen in uns und um uns oder
auch nur die Kissen auf denen wir
lagen nach den Gelagen, denen wir
beiwohnten, ohne zu wissen, was
wir zu sagen gehabt hätten über uns
jenen, die nicht waren wie wir.
So gingen wir beide dann fort von
dort und nahmen einander ins
Gebet und schworen einander
ewiges Erinnern an ewigen Tagen.

VIER

Werk

Röte: Kein Wort mehr
über den Lippen, kein Dank;
aber dich, Unwissende über
mich, in mir. Geht die Zeit
vorüber, die, die uns
trennt, sind wir eines
Geistes mit der Wahrheit,
ein Werk, ein Wort,
ein Ich.

Antwort

Dichterin: Der Tag
beginnt, der uns umspannt
vom Anfang bis zu uns.
Reden entleert, Schweigen
ehrt, aber lässt vergessen
werden. Vom gleichen
Stamm sind wir, von
einer Wurzel. Die Wurzel
des Wortes ragt in
uns hinein, schon immer, frag
sie, woher sie sei. Mag
sein, sie gibt dir
keine Antwort.

Geschenk

Tut mir leid, ich bin nicht
tiefer, Dichterin, bin nur
ein Schatten anderer, ein
Nichts: Einige Steine stehen
sehen macht noch keine
Existenz, einige Verse
schreiben keine Freiheit.
Aber was soll das: Ich bin
ja mit dir verwandt, Rosen-
fingrige, und mit all deiner
Beschenktheit, von der du
nichts wusstest. Aber jeder
Morgen ist eine unfassbare
Erkenntnis.

Echo

Röte: Dein Reich ist
die Vergangenheit, Bogen
von mir zu dir. Ein Berg
aus Traum und Zeit
in uns und der Seele
Traurigkeit, Echo in
ihr, eigenartig,
ohne Erbarmen.

Sonne

Röte: Helle im Auge,
deinem, erschließt mir
die Sonne, Dunkles das
in uns Unerkennbare.
Ein Überfall wirst du
gewesen sein, meiner
Verluste Erbin, meine
Besessenheit, ich.

Erhebung

Röte: Erschöpfung,
der Geist ringt um
sich selbst, Worte
zerfallen, ich bleibe.
Gegen Ende erfüllt und
entleert sich alles, Gutes
und Böses und Ungeschriebenes;
Heiliges, Röte, steht auf,
weißt du, Innerstes.

Gedenken

Röte: Die sich rühmen
ihrer Kunst oder ihrer Not,
sind Nichtige. Bestehen
bleiben, wie du, die ohne
sie nicht sind und an
ihr sterben, im Gedächtnis
der Engel.

Überwindung

Dichterin: Ein einziges
Wort, das uns verbindet,
das war, bevor man findet
uns beide tot; das bleibt
und von uns kündet, wer
wir waren, später, nach
den Jahren, die uns
töteten: Ein einziges von
uns, das überwindet.

Standbild

Die Standbilder: Dichterin,
stünden wir in ihnen,
wären wir sie, würden
wir überdauern wie
du und sie. Aber es
dauert nie lange genug,
bis die Seele oder die
Erde bebt und das
Bild lebt und verschwindet,
nie so lange, um Stein
zu werden, der uns neu
begründet.

Dämme

Röte: Klein ist das Reich
in mir, verstört, und es
herrscht darin das
Chaos, Ungemach, Un-
erhörtes. Aber du:
flossest vorüber wie
keines von diesen,
über die Dämme, nahmst
mit dir, endlich, was
zu leicht war, Gestalt
zu werden in diesem
Aion.

Saiten

Als ich ein Kind war,
Kore, klein, gab man
mir Saiten und Worte
deiner Sprache und
Steine aus deinem Land
in die Hand und meine
Seele sah sie und ließ sie
sinken, tief. Viel später sah
sie dann dich und senkte
sich zu dir hin und
verstand dich, wie man
Stille versteht und
verschwand nach Nirgendwo,
Umrisse einzugemeinden, deine.

Scheidung

Röte: Mauern in mir,
um alles, entsetzen mich,
wer wäre ich ohne sie?
Dann sähe ich dich,
unumgrenzt, teil hätten
wir, an der Kunst, beide,
an der Antwort der Welt
auf die Wahrheit, wofür
uns die Welt beneide,
uns voneinander scheide,
zu wetten, was alsbald geschähe.

Kerne

Dichterin: Nur die Tode,
die wir täglich sterben,
bringen uns an den Rand,
lassen uns auf- und
durchblicken, durch
die Schwaden der Zeit
und der Nichtigkeit, Feuer
zu ahnen, Erhebungen über
dem Einerlei, Anderer
Kerne und Land, woraus
sie sind und herkommen,
Heimat werden können,
diesseits der Wand,
manchmal.

Rauch

Röte: Bald wird uns
ausrotten das Geschwätz,
dich, deine und meine
Kunst, uns beide; taub
sind sie, ihr Geist
ein Raub der Flammen
unten, sie preisen sich
selbst dafür, sonst
preisen sie niemand.
Sie lösen sich auf, Rauch
sind sie, ihre inneren
Häuser brennen, Stäube
bleiben, Wolken des Todes,
wortlos, undurchdringlich,
ohne Erinnerung
aneinander.

Tage

Röte: Wem es gegeben
ist, der spricht ohne ein
Wort alles aus, was
er ist; lässt alles sein,
was nicht ist; wartet
alle Tage, bis der seine
kommt, sein Einer; so
auch wir: Fast eine
Million Tage trennen uns.
Fast keiner.

Auge

Röte: Es hülfe nichts,
sähen wir einander; denn
unsre Sprache stirbt aus
mit uns, und wir könnten
einander nichts mehr sagen,
stürben wir. Aber das Auge
stirbt auch aus und nimmt
seine Kraft mit in seinen
Ursprung: Der das Licht
ist, erfand das Auge
und uns als Vorgeschmack
auf unzeitgemäßes
Leuchten.

Stücke

Kore: Kein Wunder; die
alten Steine und Worte,
das Unaussprechliche, das,
was du mir bist, erklärt dich
mir von selbst. Kein äußerer
Schatten meiner Zeit trübt meinen
Blick; was nicht gesagt werden
kann, wird doch gesagt, erhebt
uns Stück für Stück über uns und
lässt uns erahnen, wer wir geworden
wären, wenn wir gesehen hätten
einander alles in allem.

Splitter

Röte: Reden, Splitter,
Vergangenheiten, Vorzeiten,
die uns begleiten, durch
und durch. Die statt unser
miteinander streiten, wortlos
um Worte, Fehden um
Orte in uns, die keiner kennt,
Nichts, das in uns brennt,
uns zu unterschreiten.

Glut

Röte: In uns ein Feuer,
deins, Glut, die Leben
leuchten lässt immer und immer
wieder. Was aufsteigt in uns,
der Abgrund und seine Lieder, erbarmt
sich unser und aller, die in uns
warten seit deinen Tagen. So
beginnen wir, alles in eins
zu schmieden, eins
zu sein, untrennbar, un-
unterscheidbar verschieden.

Wände

Dichterin: Worte sind
alles doch, was wir haben,
was uns verbände, durch
Wände und Ende
hindurch unsere Hände
einander erkennen ließe,
Worte sind erhaben
über Zeiten und Einsamkeiten.
Sprich also mit mir.

Rätsel

Kore, wenn ich im Fieber
liege und deiner gedenke:
ich lag immer im Fieber
und war immer tot und gedachte
der Steine auf meinem Weg,
der Seelen in meiner Brust
und dann deiner. Doch
verstand ich dich nicht, euch
alle nicht, damals, später
und nun. Ein Rätsel bist
du gewesen mir, ein un-
auflösliches, eins mit mir,
ich selber.

Glas

Oh Kore, wenn ich vergangen
bin: Richte den bangen Sinn
auf das Nichts, das das
Auge trübt, seit es ent-
stand. Es übt der Tod
sein Lied in mir, ich höre,
aber verstehe nicht, was
er meint. Tage aus Glas, Nächte
aus Schweiß und Zerfall, der
Klage Widerhall in der heimat-
losen Seele. Höre, Kore, das sind
wir, groß wie ein All, wie eines
für uns allein.

Reue

Röte: Was du vor allem
bist: die Dichterin, ist
mein. Der Rest gehört sodann
der Welt, der alten und der neuen.
Einander bereuen werden wir,
jeder jeden, und nicht begreifen.
Aber du hörst mir zu, die Scheue
dem Scheuen, alle Tage, und schwörst
mir alle Nächte, da zu sein: die
Lieder, die da reifen in mir,
schwesterlich zu betreuen.

Neigung

Dichterin: Dich mir zu verschweigen,
schiene gerecht; auf dass mein Leben
wüchse an dir, langsam, innen;
denn mein Ohr dir einfach zuzuneigen,
vergleicht uns; weil wir aber
ungleich sind, beschleicht uns
dabei ein Gefühl, das schlecht
und schlechter wird mit und nach
der Zeit, die nicht gereicht hat,
einander zu eigen zu geben.

Schimmer

Röte: Sei bei mir
oder irgendwo: Immer ist
irgendwo in mir
ein Schimmer deiner
Worte. Verflossen bist du,
verschlossen die Pforte
ins Reich am Anfang:
Als es begann mit uns,
als ich ein Lied ersann,
dich zu erschüttern.
Und es gelang.

Flammen

Dichterin: In uns der Staub
all dessen, was gewesen
ist in uns und besser nie
gewesen wäre: Wir lesen
ineinander, um zu schweigen,
erkennen, dass trotz aller
Worte doch das Nichts
uns antrieb, wir zu sein,
der Seele diese Welt zu zeigen,
um hinaufzusteigen aus dem
ersten Reich zu dir und mir,
Kinder zu werden des Lichts,
Flammen und Flammenerfinder.

Einfalt

Röte: Nicht Worte: Aber
die Augen der Abgründe, die
alles erkennen in uns. Aus
denen wir stammen, Licht-
träger, Trauervollender. Alle
Zeit war ich an deiner
Seite und wunderte mich
über die Flammen unserer
Einfalt. Keiner weiß,
keiner, wofür wir brennen.

Ozean

Kore: Tempel der Zwietracht,
in denen wir wohnen hier
unten: lassen uns Abstände
aufheben, Lügen erlernen, keine
Meinung haben über die Welt.
Ein Lichtpunkt im Leben
ist das Ende der Ebbe in
uns: Wenn der Ozean steigt
und das Leben fällt
auf den Kern zu, den es umkreist
seit seinem Entwurf, ohne den
es eine Scherbe wäre, funkelnd,
im Reich der Schande.

Wesen

Röte: Was niemand sehen
kann, unser Wesen, das uns
eint, ist das Ungetane
in uns, das uns hochschrecken
lässt aus dem Nichts, nachts
unter den Sternen, unter dem
Joch. Das uns die Welt erklärt,
in einem Wort, und was über ihr
ist, in Versen, die uns ausliefern
an die Unendlichkeit, wenn wir
sie nicht zähmen; aber noch
harren wir des Tages, der uns erkennen
lässt, wirklich, warum wir geschahen
und was uns am Leben hinderte.

Steine

Röte: Der Tod in unsern
Augen, deinen, meinen, meint
keinen von uns. Wir leben ihn
nicht und sind nicht die
Seinen und darum größer, größer
als er. Die Macht umgab
uns, die uns schuf: Lass uns
anflehen diese, dass sie uns
Steine sein lasse, schreiende,
weinende, bleibende, keine.

Gefahr

Kore: Tausendwort in
uns, das unser Leben
tränkt mit Licht und
uns: das uns Entbehrliche
wird uns geschenkt:
Das ist das Ehrliche,
wir selbst in uns,
das, was uns kränkt
und lenkt,
das sehr Gefährliche.

Nadel

Röte: Der Schmerz,
der dich in Stücke
reißt, sinnlos, mir;
Lieder tun weh der Seele,
dem Leib, wenn sie Nadeln
sind gegen den Tod. Am Anfang,
Furchtlose, suchte ich dich,
fand Verluste. Jetzt stürzt
du mich in Untiefen, unterhalb
aller Gedächtnisse.

Leere

Kurze Worte, Röte,
am Orte der Ehre
in uns: Aus dem unsere
Schwere kommt,
die uns am Leben hält,
aneinander bindet.
Kurze Worte, trotzdem,
der Leere, dass sie
uns töte, ehe sie
von uns kündet.

Bilder

Röte: Ganze und schöne
Bilder von unserm
Leben: Entstanden aus
dir, Zeit, nichts: Unser
beider Feld, das uns
zusammenhält wie Mond
und Mond, uns Wort für
Wort verschweißt, und es
uns lohnt, dass wir vorhanden
blieben als die Töchter,
fern verlorene, und Söhne.

Erkenntnis

Dichterin: Das undenkbare
Wort, in uns gestellt,
das uns entzündet und
erhellt, worin man
findet uns nach Jahr und
Tag, beschlossen, un-
vergessbar, eingegossen,
sind wir selbst, und unser
Grund zu zelten unten
hier; wo man verkündet,
was wir einst zu sehen
zu Staub geronnen waren
vor undenkbar vielen Jahren;
Dichterin: Du bist doch ich.

Ausblick

Kore: Die Fanfare
des Geistes, die uns ins
Leben ruft, die unsere Jahre
vernichtet, ertönt
und lässt uns beginnen:
innen, Kore, in uns, wo
sonst keiner ist, die Flamme
im Kern, geschmolzenes
Ich, wo wir als neue Werke
gegossen werden, unzerstörbare.

ΕΠΑΜΕΡΟΙ ΤΙ ΔΕ ΤΙΣ ΤΙ ΔΟΥ ΤΙΣ
ΣΚΙΑΣ ΟΝΑΡ ΑΝΘΡΩΠΟΣ.

Einen Tag dauernd: Was ist einer?
Was ist einer nicht?
Eines Schattens Traum ist der Mensch.

(Pindar [518-438] VIII. Pythische Ode, 95f.)